La semilla del cambio:
La permacultura como vía de racionalización

Constanza Henriques Ledro

Bachelor's Thesis

[June 2023]

Universidad de Sevilla

Supervisor: Encarnación Aguilar Criado

Faber & Sapiens

La semilla del cambio:
La permacultura como vía de racionalización

CONSTANZA HENRIQUES LEDRO

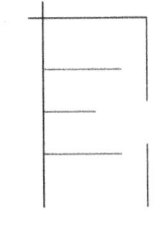

Ápeiron Ediciones

First Edition by Faber & Sapiens,
an imprint of Ápeiron Ediciones,
in 2024

© Faber & Sapiens
© Ápeiron Ediciones
C/ Príncipe de Vergara, n.º 132, planta 9
28002 Madrid
Tfno. (+34) 637 10 99 20
E-mail: info@faberandsapiens.com
http: www.faberandsapiens.com

Design and layout: Ápeiron Ediciones

ISBN: 978-84-128256-6-4
DL: M-7900-2024

Agradezco a Encarna, por su paciencia, su motivación y su positivismo, sin los cuales la realización de este trabajo hubiera sido bastante más dificultosa y frustrante, A Teresa, a Álvaro y a Arquímedes, por ofrecerme su tiempo y por haber compartido sus inquietudes más íntimas, sus miedos y sus deseos. Ellos han hecho posible este trabajo.
Gracias.

CONTENTS

1. INTRODUCCIÓN

*"No se trata de reparar un sistema corrupto, sino de crear
uno nuevo que haga al anterior definitivamente obsoleto"*
(En Mercado Vacca, 2016:90)

"El arte ha triunfado sobre la naturaleza" (Thoreau, 2015:19)

Con esta frase Henry David Thoreau, importante figura del trascendentalismo, ponía ya sobre la mesa el problema que deviene de la racionalidad de la sociedad moderna y su relación con la naturaleza. Con ella, Thoreau pone de manifiesto que el ser humano moderno se caracteriza por una ambición a la riqueza que se ha convertido en principio moral de la sociedad. Lo que tiene a su alrededor ya no le es suficiente y utiliza todo lo que tiene a su disposición para construir y conseguir más. Ese amor por la riqueza genera su búsqueda a todo coste y, como consecuencia, el ser humano ha dejado de servirse de la naturaleza para vivir en ella y ha pasado a ignorarla, y a la vez abusarla, para vivir por y para sus ambiciones. *"El arte ha triunfado sobre la naturaleza"* describe con exactitud el mundo del amor a la riqueza, un mundo en el que el ser humano se ha separado de la naturaleza para convertirse en esclavo de lo que él mismo crea. Doscientos años han pasado desde que Thoreau desarrolló estas reflexiones, y doscientos son los años durante los cuales la sociedad occidental parece haberlas ignorado.

La crisis ecológica es una realidad que lleva siendo expuesta muchas décadas, pero que en la actualidad parece haber ganado, y con razón, un papel central en preocupaciones sociales y académicas desde distintas perspectivas. Diariamente nos vemos expuestos a un constante flujo de información sobre la problemática ecológica, cuyo carácter catastrófico parece, a veces, cegar la posibilidad de encontrar caminos que iluminen el futuro desastroso al que nos informan que vamos a llegar.

Creo que la abundancia de titulares y trabajos sobre la insostenibilidad del modelo de vida moderno parecen originar un efecto opuesto al deseado, originando en el imaginario común la idea de que la solución a la problemática es utópica, más que concienciando para la acción hacia el cambio. Pocas veces somos presentados a estrategias alternativas que, no solamente es que sean posibles de ejecutar, sino que llevan siendo puestas en marcha varias décadas y que son, o pueden ser, prueba de que existen soluciones a la catástrofe ambiental causada por la lógica que rige la relación del ser humano con la naturaleza en las sociedades modernas y en definitiva, por la acción antrópica cuya lógica tiene base en esa relación.

El modo de vida, la racionalidad, y las lógicas que la rigen, hegemónica, ha demostrado no ser sostenible, es decir, no tener la capacidad de permanecer y de posibilitar la permanencia de las sociedades humanas en el tiempo.

Es eminente la necesidad de un trabajo que exponga las estrategias que se ponen en marcha en respuesta a la necesidad de un modelo alternativo productivo y de consumo, y, en definitiva, que suponga una forma diferente de relacionarse con el entorno del que y en el que se subsiste. Es importante, desde las ciencias sociales, exponer que tales estrategias no solo son posibles, sino que existen y conforman una realidad que tiene un alcance con la relevancia suficiente como para convertirse en objeto de estudio y que dé a conocer que algunos sistemas-modelo alternativos son soluciones reales y no utópicas a la problemática medioambiental en tanto que promueven una *racionalidad ecológica* regida por diferentes lógicas y valores que se oponen a la *racionalidad economicista maximizadora*. Es esa la intención primera con la que me embarco en este trabajo, en el que pretendo un acercamiento a los cambios en los hábitos vitales de los actores sociales que participan de estas estrategias alternativas.

La Permacultura es una de esas estrategias alternativas y es el pilar sobre el que se desarrolla este proyecto.

1.1. CIRCUNSTANCIAS DE ELECCIÓN

Habiendo nacido en una familia de ingenieros agrícolas, siempre he tenido un contacto cercano con el campo y con la producción agraria, y tal cercanía, aunque no fuera en un principio un ámbito de interés, sí produjo desde muy pronto el desarrollo de una serie de preguntas acerca de cómo nos relacionamos con la naturaleza.

Estas reflexiones se vieron profundizadas e intensificadas con el estudio de la antropología, en la que ha sido constante el debate acerca de tal relación.

Al acercarme a diferentes sociedades, culturas, cosmovisiones, racionalidades y lógicas, más crecía mi descontento hacia el funcionamiento de la mía, pero ¿Cuál es la base de la diferencia que me ha hecho preferir otros mundos al mío? Pues bien, en mi opinión hay una respuesta clara, no unicausal, ni definitiva[1], la concepción de la naturaleza y, por lo tanto, las relaciones y lógicas que se establecen a partir de ellas.

Tuve claro, desde un principio, que el fenómeno de cambiar las lógicas y funcionamientos de una sociedad a nivel total es definitivamente utópico, pero tenía que haber alguna salida, aunque se dieran a nivel local, al bucle incansable de explotación, producción, consumo actual, que hoy en día parece traer más problemas que beneficios.

Fácil es caer en pesimismos, compadecerse de uno mismo y de su sociedad y dar por perdida la batalla contra el sistema productivo moderno capitalista, pero mi búsqueda no había terminado.

---

[1] Cuando digo que no es definitiva me refiero a que, aunque se piense muchas veces como irremediable, en este trabajo trato de demostrar justamente que no lo es.

Debido a la participación de algunos familiares en prácticas agrícolas alternativas a la hegemónica, me encontré con la permacultura, que resulta ser un modelo-sistema teórico-práctico más bien desconocido. En ese acercamiento superficial comenzaron a surgir las cuestiones e hipótesis que culminan en el deseo de desarrollar un proyecto de investigación.

Partiendo de la idea de estudiar la permacultura como una alternativa al sistema-mundo moderno capitalista, pretendo analizar el alcance de esta estrategia para, por un lado, reformular la relación ser humano-naturaleza, y por otro exponerla como una solución factible al problema medioambiental y de dependencia centralizada.

Al encontrarme con esta estrategia descubrí un modelo-sistema que no supone solamente una alternativa al modelo productivo y de consumo agrícola, sino que además trata, como veremos a lo largo de este trabajo, de reorganizar, a pequeña escala, la cosmovisión de un sector de la población reformulando la relación ser humano- naturaleza.

Ahora bien, ¿Es suficiente para revertir o reformular el futuro de un mundo en declive?

1.2. JUSTIFICACIÓN E INTERÉS DEL TEMA

Es ese interés en conocer de qué forma funciona la permacultura cuando puesta en práctica y cómo se traducen sus intenciones en la realidad que rodea a quienes de ella participan, lo que motiva a la realización de este trabajo. Un interés que no deviene únicamente de la necesidad personal de dar respuesta a mis reflexiones, deseos e inquietudes, sino de lo que creo ser una necesidad por un lado social, en tanto que el exponer la existencia y el funcionamiento de la permacultura como modelo de vida alternativo puede iluminar y dar oportunidades a quienes deseen cambiar el suyo, y por otro lado académico, ya que creo absolutamente necesario que una disciplina como la antropología se involucre en el estudio de realidades que pueden llegar a ser soluciones a grandes debates y problemáticas globales como lo es, en este caso, la crisis medioambiental, la cual es, sin lugar a dudas, eminentemente social y cultural.

> *"Porqué buscar en la antropología las respuestas a una comprensión del mundo que permita restaurar las normas de convivencia pacífica? Porque las transformaciones de la vida social se deben en primer lugar a la interrelación entre procesos naturales y culturales, entre procesos globales y locales"* (Leff en Jiménez Bautista, 2016: 14)

Al empezar a investigar acerca del tema de este trabajo, me encontré, para mi sorpresa, que son escasos los trabajos que desde la antropología abordan la permacultura y los que hay se quedaron en tesis de fin de grado, sin grandes alcances académicos y científicos. Esa escasez se sumó como elemento de motivación a la realización de este trabajo.

Creo que la exposición de estrategias vitales alternativas puede ofrecer no solo una opción a aquella parte de la población que busca estrategias transformadoras a su alcance, si no también ofrecer a las disciplinas científicas datos acerca de cómo estrategias que tienden a verse como excepcionales, sin alcance o utópicas, son en realidad opciones completas y asequibles a todas las personas. Si desde las instancias académicas conseguimos ofrecer una prueba de que existen otras formas vitales que son sostenibles y que se están llevando a cabo debajo de nuestras narices, quizás se puedan crear propuestas transformadoras desde las instituciones políticas. Así, poco a poco, la antropología tiene el poder y la responsabilidad de plantar las semillas del futuro.

2. PERMA... ¿QUÉ?

La Permacultura, nombre que significa de forma literal agricultura y cultura permanente, fue desarrolla en 1970 por Bill Mollison y David Holmgren en un intento, bien sucedido, de ofrecer una alternativa vital a la cultura dominante consumista y a las lógicas y sistemas de control y dependencia de las élites políticas, económicas y sociales. En los primeros escritos de permacultura, esta se presenta como un sistema de diseño especialmente dirigido a la agricultura, es decir, un diseño consciente que recrea las relaciones de la naturaleza para construir un ecosistema sostenible en lo que toca a la producción agrícola dirigida a la autosubsistencia, pero se va desarrollando convirtiéndose en un sistema-modelo que no solo crea un medioambiente sostenible, sino que también genera una nueva forma de organización social (Batista Marcos et.al, 2018)

Se trata de un modelo-sistema holístico, por veces también referido como una filosofía práctica (Acosta Gutiérrez, 2015) conformado por una serie de prácticas y técnicas agrícolas, de construcción, sociales y económicas basadas en dos clases de principios, los de diseño, más dirigidos a la parte relacionada con la producción, agrícola, de conocimiento y de espacios físicos, y los éticos, relacionados con la parte social y espiritual. (Holmgren, 2013)

Todas esas prácticas, técnicas y principios se unen en un intento de reformular la relación del ser humano con la naturaleza, intento que se manifiesta en un sistema integrado que respeta los límites del entorno medioambiental y potencia la relación de sus elementos a la vez que crea condiciones favorables para la producción de alimento y energía suficientes para satisfacer las necesidades de aquellas personas que participen en el desarrollo de esta estrategia. En definitiva, se trata de un *"Sistema de diseño para la creación de medioambientes humanos sostenibles."* (Mollison, 1991 en Mercado Vacca, 2016: 76)

Muy influenciada por prácticas sustentables de agricultura en Asia y en comunidades indígenas y por prácticas derivadas de la agricultura tradicional de muchos países, la permacultura sí comenzó a idearse como un sistema integral dirigido específicamente al trabajo de la tierra, pero su desarrollo teórico y práctico, así como los aprendizajes que fueron ofreciendo las experiencias, dieron cuenta de la diversidad de contextos climáticos, sociales y culturales existentes y de cómo estos alteraban la puesta en práctica de la permacultura. Este modelo de diseño no podía atender, entonces, únicamente a los aspectos agrícolas y productivos de la vida, sino que debía incluir también aspectos sociales (Hieronimi, 2008).

Es una forma de trabajar la vida, y es por esta razón que debe ser estudiada por la antropología, porque involucra la creación de nuevos modelos de organización social, de una cultura alternativa, de una cultura permanente. Consiste en una estrategia de restructuración social basada en el control sobre los recursos para vivir (Mercado Vacca, 2016) y es, por lo tanto, un movimiento que además de crear una guía práctica y teórica para el desarrollo de una agricultura permanente, crea una cultura de la misma condición.

El sistema de diseño permacultural se basa en siete vías de acción: el manejo de la tierra-naturaleza, la construcción de ambientes, el empleo de herramientas y tecnología, emancipación a través de la tenencia de la tierra y un gobierno comunitario, gestión de la economía y finanzas, el bienestar físico y espiritual y la educación y cultura en bases del respeto y la ecología. Estas siete vías de acción conforman la denominada Flor de la Permacultura. (Holmgren, 2013).

Es un diseño que se basa en la observación y en la experiencia sin rechazar conocimientos tecnológicos que resulten útiles, siempre y cuando no afecten de forma negativa al entorno.

Todas las acciones mencionadas anteriormente se llevan a cabo en base a principios éticos y de diseño, que Holmgren describe en "Esencia de la Permacultura" (2013).

Los segundos están conformados por 12 principios que enumero a continuación:

1. Observación e interacción: conocer los ritmos de la naturaleza y cómo se relacionan las especies.
2. Capturar y almacenar energía.
3. Obtención de rendimientos: Para satisfacer necesidades básicas diarias.
4. Autorregulación: Crear un sistema natural cuyas relaciones entre sus elementos vivos permitan su mantenimiento y reproducción en la que sea necesaria una mínima intervención humana.
5. Usar y valorar fuentes y servicios renovable.
6. Evitar producir residuos.
7. Diseño de patrones: Observar patrones de la naturaleza para reproducirlos a escala.
8. Integrar más que segregar: Cada elemento tiene una función y cada función es necesaria para el funcionamiento del todo.
9. Usar soluciones lentas y pequeñas.
10. Valorar la diversidad: La diversidad es resultado del equilibrio.
11. Usar y valorar lo marginal: Lo periférico puede resultar esencial para el buen desarrollo del sistema.
12. Usa y responde creativamente el cambio: La flexibilidad y la paciencia pueden ser determinantes a la hora de mantener el equilibrio del sistema.

Todos estos principios de diseño se sostienen sobre los principios éticos. Estos están conformados por tres valores esenciales sobre los cuales se basa cualquier proyecto permacultural y que abarcan todos los campos cubiertos por la permacultura: **El cuidado de la tierra**, que corresponde al campo ecológico agrícola y hace referencia la uso y gestión responsable de los recursos, así como el respeto por los ciclos y tiempos naturales de la tierra; **El cuidado de la gente**, que corresponde al campo social y hace referencia al derecho de la gente y de los pueblo de decidir sobre su vida así como a la necesidad de encontrar el equilibrio entre las necesidades individuales y las necesidades comunes; y en último lugar, pero de igual importancia, **el compartir de forma justa los excedentes y las capacidades,** que corresponde al campo económico y hace referencia a la conciencia y al establecimiento de limites de consumo y producción que permitan la permanencia de una cultura sostenible (Hieronimi, 2008)

Entre las vías de acción y los principios éticos y de diseño se nos ofrece una clara visión de la complejidad del sistema permacultural, que abarca desde la producción agrícola bajo una perspectiva homeostática, hasta una producción sociocultural y un sistema de gestión económico. Se busca, en definitiva, la construcción de un modelo vital sostenible mediante la reinterpretación de la naturaleza y, por tanto, de la relación que como seres humanos mantenemos con ella (Vrska y Pablo, 2019).

"Diseño consciente de paisajes que imitan los patrones y las relaciones de la naturaleza, mientras suministran alimento, fibras y energía abundantes para satisfacer las necesidades locales" (Holmgren, 2013:3)

La permacultura es una estrategia a nivel productivo, social, cultural y económico que busca la autogestión y que se basa en principios y creencias que priorizan el respeto a la naturaleza y busca construir una sociedad sostenible a través de la experimentación y reflexión bajo una clara racionalidad ambiental.

3. ANTECEDENTES

3.1. Relación ser humano-naturaleza como objeto antropológico

Cualquier trabajo antropológico que trate sobre prácticas y racionalidades dirigidas al medioambiente, debe de tener como base la relación entre el ser humano y la naturaleza, lo que ha sido un objeto de estudio constante en la disciplina antropológica. Esta se ha encargado de la tarea de investigar acerca de los modelos culturales de percepción de la naturaleza y de los comportamientos que de él parten y ha sido esencial en el desarrollo de planteamientos que permiten comprender tal relación.

En nuestra sociedad, la naturaleza se ha visto, y se sigue viendo, según la lógica hegemónica, como una realidad enfrentada al ser humano, idea que parte del *"viejo sueño de que los hombres podrían llegar a controlar y dominar la naturaleza"* (Domínguez Gómez y Aledo, 2001:1). Los estudios clásicos de la antropología ambiental[2] han ido dirigidos a la explicación de esa dicotomía en términos deterministas, es decir, en primer lugar, han partido del planteamiento de que se trata de dos realidades diferentes y, en segundo lugar, sus objetivos se centraban en descubrir cual de esas realidades determinaba a la otra. ¿Es la naturaleza la que determina los rasgos culturales o es la cultura la que influye y modifica la naturaleza?

---

[2] En sus primeras fases no es aún Antropología ecológica, es decir, no es aún una subdisciplina con un objeto de estudio definido.

Ese planteamiento ha impedido durante mucho tiempo la comprensión de que no se trata de una relación de conceptos enfrentados, sino ámbitos de una misma realidad que se interrelacionan de diferentes maneras (Melgar Del Corral, 2017), pero ha sido a partir de tal perspectiva que la antropología ha tomado como objeto de estudio esa relación y ha sentado las bases de la Antropología Ecológica.

Varias han sido las perspectivas desde las cuales la antropología ha estudiado tal debate: la perspectiva ecológica cultural, la simbólica-cognitiva y la política. Aunque no voy a detenerme en todas ellas de forma compleja, ya que, en primer lugar, no todas son de interés para el tema que nos atañe, y en segundo lugar, estas teorías han sido ya recopiladas y explicadas en trabajos breves y excelentes que han contribuido a la materialización de este trabajo y, que en caso de que surja en el lector un deseo de profundización en el asunto podrá fácilmente acceder a ellos, como son los trabajos de Santamarina Campos (2008) y Melgar Del Corral (2017).

En la antropología ambiental y ecológica ha dominado la idea de que el entorno, el medioambiente, determina las prácticas sociales y culturales – naturaleza sobre cultura. Esta fase de desarrollo teórico en la disciplina, conocida como una fase de determinismo ambiental (Milton, 1997) viene marcada por dos perspectivas fundamentales, la ecología cultural de Julian H. Steward[3] y el materialismo de Marvin Harris.[4]

Es solo en los años 60 cuando Roy Rappaport toma de la biología el concepto de ecosistema y se rompe la visión dualista hegemónica.

---

[3] Steward plantea que los rasgos culturales se originan y sufren modificaciones como adaptación al entorno, es decir, que ciertos factores ambientales influyen en ciertos rasgos culturales. A partir de este momento, la palabra adaptación se convierte en base del estudio y debate sobre la relación naturaleza-cultura. (Milton, 1997) (Santamarina Campos, 2008) (Melgar del Corral, 2017)

[4] Harris pretende demostrar la racionalidad adaptativa materialista de todos los rasgos culturales, en definitiva, que "todos los rasgos culturales tienen sentido ecológico" (Milton, 1997) (Santamarina Campos, 2008) (Melgar del Corral, 2017)

La aplicación del concepto ecosistema[5] permite entender la cultura y la naturaleza como un todo en interacción recíproca.

Otra perspectiva es la simbólica-cognitiva que ofrece una visión simbólica para comprender la interacción entre el ser humano y la naturaleza A través de un sistema natural de simbolización el ser humano percibe e interactúa con la naturaleza. Lo social y lo natural se unen mediante el símbolo[6]

En los años 80, tras una década marcada por la concienciación de la problemática ambiental y la emergencia de movimientos sociales motivados por la causa, surge la corriente de la ecología política con el objetivo de estudiar la crisis ecológica como fenómeno político.

Centrándose en las causas de la degradación ambiental, busca estudiar los factores sociales políticos y económicos que en ella inciden y trata de proponer posibles soluciones a la problemática (Comas d'Argemir, 1999). Este último punto es decisivo, ya que en base a los trabajos que teorizan acerca de esas posibles soluciones, vamos a guiarnos para clasificar y determinar la viabilidad del proyecto permacultural de Caña Dulce. La ecología política es una corriente teórica, pero es también una guía a la praxis, y en un momento de crisis socio-ecológica lo necesario es justamente eso, una antropología comprometida y aplicada que utilice sus conocimientos para el desarrollo de iniciativas alternativas que ayuden a paliar las carencias del presente para posibilitar un futuro.

"Antropólogos que no usan activamente sus habilidades y conocimientos para lograr lo que ellos creen que es solución, no hacen más que facilitar que los que creen lo contrario se impongan" (Marvin Harris en Jiménez Bautista, 2016:25)

---

[5] *"El total de entidades vivientes y no vivientes íntimamente relacionadas en intercambios materiales dentro de una porción definida de la biosfera"* (Rappaport 1971 en Milton, 1997)
[6] Sus máximos exponentes son Mary Douglas y Victor Turner (Santamarina Campos, 2008)

4. PROBLEMA DE INVESTIGACIÓN

Estudiar el fenómeno de la permacultura podría llevarse a cabo de muchas maneras. Dada su complejidad y holismo, podríamos acercarnos a ella desde muchas perspectivas, pero en este trabajo, más que estudiar los elementos que la componen y las estrategias vitales que desde ella se llevan a cabo, pretendo estudiar su efecto en la vida y racionalidad de aquellos que la practican como modelo vital o que de ella participan temporalmente.

Entendiendo la permacultura como un diseño holístico de producción, consumo, conocimiento, educación y sociedad que podría traducirse en diseño de una *Cultura Permanente* que se basa en el desarrollo de una racionalidad ecológica, me interesa en este trabajo analizar de qué forma esa intención de transformación vital es llevada a cabo por los sujetos de ella participan, tanto a tiempo completo como a tiempo parcial.

En otras palabras, **la intención central con la que realizo este trabajo es la de estudiar de qué forma la participación en proyectos permacultura afecta y transforma la racionalidad de los sujetos en cuestión y entender cómo se ven alterados sus hábitos diarios tras la inmersión en la cultura ecológica de la Permacultura, para poder comprender el potencial transformador que tiene o puede tener a nivel social**.

El intento de estudiar la transformación de la racionalidad de unos sujetos puede presentarse como algo ambiguo y difícil de objetivizar, ya que es un concepto que tiende a relacionarse más con aspectos simbólicos e intangibles que son complicados de detectar e identificar. A pesar de ello, la racionalidad puede definirse como las teorías normativas que los sujetos internalizan como imaginarios y que orientan toda acción social (Leff, 2011), por lo tanto, sí debe poder estudiarse a través del estudio de esas acciones. Eso es lo que trataré de hacer en este trabajo.

Para conocer cómo la racionalidad de los sujetos se transforma es necesario, entonces, analizar en primer lugar, el contexto vital previo a la introducción a la permacultura, ya que nos enseñará los hábitos vitales de los sujetos antes de la introducción a esta iniciativa socio-ecológica y con estos las lógicas y valores que los guiaban. Una vez entendido el contexto del que vienen los sujetos, analizaré de qué forma la participación en estas iniciativas origina un proceso de transición de unos hábitos vitales a otros. El estudiar el proceso de transformación y el estilo de vida que llevan los sujetos nos permitirá acercarnos a la racionalidad de la que parten para guiar sus acciones y entender si la permacultura funciona, o no, como estrategia de transformación de una racionalidad. ¿Se ve satisfecha la intención holística de la permacultura en tanto que alternativa vital que permite al individuo vivir, producir, consumir y socializar bajo lógicas diferentes a las del modelo hegemónico?

5. MARCO TEÓRICO

5.1. Ecología política ante crisis socioambiental

> *"Para Latouche (2011:97), la utopía es una visión imaginada del futuro, una afirmación a partir de la negatividad de nuestro presente, que no es más que la aberración de una sociedad de crecimiento sin límites."* (León, 2019:45)

A finales de 1967 la ONU[7] acepta la petición de una conferencia mundial sobre problemas ambientales, conferencia que no se celebró hasta 1972, la Conferencia de Estocolmo. En un momento en el que las cuestiones ambientales no podían ya ignorarse, estas se convierten en fenómeno político internacional (Bernier, 2022).

A pesar de la aparición y aparente centralidad en las agendas internacionales del tema medioambiental, la puesta en práctica de medidas paliativas y preventivas ante la crisis de degradación de la naturaleza suponían -y suponen- grandes sacrificios productivos que el sistema socioeconómico capitalista no está dispuesto a realizar. La solución desde las instituciones gubernamentales de diferentes países partícipes de las Cumbres de la Tierra[8] es la idea de desarrollo sostenible, una idea cuyos elementos parecen ser casi contradictorios y que además sugieren una cuestión esencial. Si la causa de la insostenibilidad son las prácticas derivadas del sistema socioeconómico hegemónico capitalista, ninguna

---

[7] Organización de las Naciones Unidas.
[8] Conferencias de la ONU sobre medioambiente y desarrollo.

solución real y viable puede existir bajo las lógicas de su misma racionalidad.

Es, por lo tanto, necesario un cambio de racionalidad que implique otras formas de entender nuestro entorno y que genere otros mecanismos para relacionarnos con él:

> *"Construir la paz en el mundo implica...construir una racionalidad ambiental fundada en una ontología de la vida y una ética de la otredad"* (Leff en Jiménez Bautista, 2016:13)

Este es el contexto en el que surge la ecología política, una corriente de estudio que ha centrado gran parte de su producción teórica en países "subdesarrollados"[9], relacionando la degradación ambiental con las desigualdades producidas por las fuerzas sociopolíticas, aunque ha habido también un gran volumen de trabajos dedicados a las sociedades occidentales capitalistas relacionando siempre las causas de la crisis ecológica con la cultura y los sistemas de conocimiento y los sistemas de manejo de recursos que vienen dictados por la racionalidad de las fuerzas políticas y económicas (Comas d'Argemir, 1999).

Con antecedentes en la antropología económica[10], la ecología política une la crítica al capitalismo al planteamiento ecológico. Siguiendo esta línea, Godelier (1990) entiende que los modelos de explotación de recursos, es decir, los modos de contacto y aprovechamiento de la naturaleza vienen determinados por el sistema socioeconómico (Melgar del Corral, 2017). Esta idea es fundamental para entender la crisis ecológica actual ya que significa que es en los modos de producción y en

---

[9] Los términos -Subdesarrollado- y -del Tercer Mundo- son muy problemáticos, ya que llevan implícitos una serie de supuestos etnocéntricos que no son compartidos en este trabajo. Lo utilizo en esta ocasión por carencia de un término más claro, pero plenamente consciente de los matices necesarios.

[10] Los trabajos de Wolf, que utiliza por primera vez el término ecología política, de Polanyi y Geertz ofrecen los planteamientos base de las investigaciones de la ecología política.

los sistemas de consumo donde quedan integradas Cultura y Naturaleza (Santamarina Campos, 2008). Si partimos, entonces, de la idea de que la causa principal de la crisis ambiental es el desequilibrio en la relación entre ambas, en la línea de la ecología política, para buscar y analizar los factores de esa alteración en el orden debemos atender a los modos de producción. Como dice Collins (1993*) "Las problemáticas ambientales surgen en un marco determinado de prácticas de producción"* (en Comas d'Argemir, 1999:93). Bajo este planteamiento cualquier propuesta que se presente como solución implicará un sistema socioeconómico diferente con unos modos de producción diferentes. De ahí que la ecología política sea una buena herramienta teórica para abordar la investigación que tratamos de realizar.

Dado que la permacultura es en esencia un sistema de producción alternativo que implica también una forma de organización socioeconómica regida por una racionalidad diferente y, como tal, podría ser una estrategia viable ante la crisis socioambiental, es un objeto de estudio ideal para la ecología política. Es necesario construir nuevas racionalidades y epistemologías bajo lógicas alternativas a la hegemónica capitalista. (Carlo, 2013).

Arturo Escobar en un análisis de los discursos presentes en la ecología política: el neoliberal, que sostiene el factor demográfico en las bases del agotamiento de recursos, el culturalista, que señala a la cultura como eje central de la relación ser humano-naturaleza, y el ecosocialista que incide en las fuerzas culturales, políticas y económicas como principales factores de la degradación ambiental, señala que tanto el discurso culturalista como el ecosocialista comparten la necesidad de generar estrategias productivas alternativas sustentables tanto ecológica como culturalmente (Escobar, 1995). De hecho, en este mismo ensayo, hace referencia a la obra de Enrique Leff y a su trabajo por desarrollar la base teórica para una estrategia que integre aspectos, culturales, productivos y ecológicos, una estrategia alternativa que se base, en definitiva, en una racionalidad ambiental (Escobar, 1995). Para que esto sea posible, según el autor, la estrategia debe de tener tres niveles de producción,

producción cultural, tecnológica y ecológica, además de darse en un contexto de autogestión y descentralización económica, para lo que sería necesaria la creación de espacios autónomos. Esto es más fácil de poner en práctica a nivel local, ya que permite mayor control sobre las prácticas y los resultados (Lipietz, 2002).

La ecología política se presenta, así, como una disciplina que surge de la construcción de una epistemología ambiental, es decir, de la apertura de nuevos horizontes de comprensión que no separan al ser humano de la naturaleza (Carvalho e Steil, 2013). Se trata de una perspectiva de construcción de conocimiento que busca deconstruir los paradigmas originados de la racionalidad moderna para poder identificar los factores implicados en la crisis socio-ambiental y así establecer las bases para construir una nueva racionalidad. Para ello es esencial redireccionar los comportamientos de los sujetos, tanto individualmente como socialmente, hacia una conciencia ambiental acerca de los límites naturales (Leff, 2011)

Lo que trato de hacer en este trabajo es justamente ver de qué forma la permacultura funciona como estrategia y herramienta para esa concienciación. Pero para analizar cómo desde la permacultura se construye una racionalidad ecológica, hay primero que definir y explicar a qué nos referimos con este término, así como su oposición a la racionalidad económica.

5.2. De la racionalidad económica a la racionalidad ecológica o ambiental

Resumiendo brevemente el apartado anterior podemos entender que el primer paso para todo movimiento social que se presente como alternativa y solución a la crisis socio-ecológica, sería construir una racionalidad ambiental que permita dar sentido a todos los aspectos mencionados. Para que eso sea posible, Jiménez Bautista (2016) afirma que; primero hay que deconstruir los pensamientos heredados, dejando a un lado la lógica económica que desnaturaliza la naturaleza convirtiéndola en mercancía y separándola de nuestra realidad (Escobar, 1995); después, hay que construir una visión más coherente, profunda y armoniosa de la realidad humana. Ese cambio de racionalidad dice el autor, es la base para conseguir desarrollar una estrategia de emancipación. *"Se trata de un proyecto trascendental: aprender a vivir conforme a las condiciones de la vida"* (Leff en Jiménez Bautista, 2016:16), pero ¿a qué nos referimos concretamente cuando hablamos en este caso de racionalidades?

Pues bien, Jorge Riechman (2009:4) define racionalidad como los intereses y valores a partir de los cuales los individuos emprenden diferentes formas de acción, deliberación y argumentación, es decir, una especie de base teórica que los individuos internalizan y que guía toda acción social. Las racionalidades no son excluyentes, las acciones individuales y sociales están conformadas por la convergencia de diferentes racionalidades construidas en base a diferentes valores e intereses (Riechman, 2009), pero tienden a existir algunas racionalidades que por su alcance a todas las esferas de la vida adquieren una importancia central, son racionalidades que determinan no solo las acciones individuales, sino todo el funcionamiento de la sociedad en tanto que conforma una cosmovisión hegemónica. En la sociedad moderna esa racionalidad hegemónica es la económica[11].

La racionalidad económica o economicista es de tipo instrumental y tradicional, es decir, según Weber, que describe distintos tipos de racionalidad, estas se definen en base a que las acciones que de ella derivan están guiadas por el fin de la eficacia, y por normas, hábitos y

---

[11] Los autores mencionados en este apartado, que son los que han desarrollado teoría acerca de la racionalidad ecológica, hablan en su mayoría de racionalidad económica, aunque creo que el término racionalidad economicista sería más acertado. Mientras que la palabra economía hace referencia etimológicamente a la organización de la vida doméstica y puede de esta forma ser asociado a diferentes sistemas y lógicas económicas, el término economicista hace referencia específica al sistema capitalista y a la teoría económica capitalista desarrollada por economistas. Este matiz se analizará con más detenimiento en el análisis etnográfico.

costumbres sociales, respectivamente. En el caso de la económica, esta eficacia se traduce en términos de maximización del valor, un valor que es en este caso sinónimo de dinero (Riechman, 2009). Toda acción derivada, entonces, de esta racionalidad va dirigida a la maximización económica sin tener en cuenta los límites naturales del entorno del cual depende la satisfacción de esos fines. Esa noción de límite de la cual carece la lógica de acción económica es justamente la base de los valores e intereses que van a construir la racionalidad ecológica o ambiental.

La inconciencia acerca de las limitaciones del entorno y de la insostenibilidad de los modelos de producción y consumo capitalistas se funda en los sistemas de significación del entorno, de la naturaleza. Si ignoramos nuestra dependencia de la naturaleza y nos separamos de ella como si fuera una externalidad[12], no tenemos que acotar nuestras acciones productivas o de consumo y limitar los beneficios. Las formas de significación de la naturaleza son, por lo tanto, esenciales en la construcción de la racionalidad que rige las acciones humanas en el ámbito del aprovechamiento y consumo de recursos (Leff, 2021).

De forma que, como ya hemos mencionado varias veces a lo largo de este trabajo, la construcción de una nueva racionalidad tiene que estar fundada, en primer lugar, por significaciones culturales que acojan la sostenibilidad y armonía de naturaleza como factor base de la acción humana (Leff, 2021).

Es en contra de esos valores económicos que surge la racionalidad ecológica, basada en el valor de *"Integridad a largo de ecosistemas y biosfera"* (Riechman, 2009:17). La internalización de esta noción ambiental básica derivada de una reformulación en el modelo de significación de la naturaleza supone la transformación de los patrones de consumo y

---

[12] El término -externalidad- desarrollado por la teoría económica, hace referencia a aquellos ámbitos sobre los cuales el sistema productivo tiene repercusiones negativas, pero cuyas repercusiones ni son asumidas, ni tiene coste para las instituciones que llevan a cabo las actividades productivas.

producción de aquellos sujetos preocupados por la crisis socioambiental.

Este último punto es esencial, ya que el proceso de racionalización social[13] por el cual los sujetos acceden a la racionalidad ecológica no sucede por arte de magia a cualquier miembro de la población, si no que tiende a ser un proceso llevado a cabo por individuos que ya introducidos en dinámicas ecológicas o en movimientos ecologistas buscan alterar su estilo de vida (Leff, 2011) hacia uno ecológicamente orientado. Se trata de asumir un comportamiento ambiental para una gestión sostenible de la naturaleza y de la vida (Carvalho e Steil, 2013).

Hasta este momento, los autores mencionados han enfrentado la racionalidad económica o economicista a la racionalidad ecológica dando a entender que un individuo no puede tener o utilizar ambas para guiar sus acciones. Una se impone sobre otra (Riechman, 2009).

En base a lo escrito, en la investigación que trato de desarrollar el objetivo es precisamente entender de qué forma los sujetos con acercamientos a la permacultura pasan por ese proceso de racionalización social sustituyendo la racionalidad económica por la racionalidad ecológica y qué consecuencias tiene ese proceso en sus hábitos vitales, además de analizar si son racionalidades verdaderamente excluyentes.

---

[13] Proceso por el cual sujetos bajo el dominio de organizaciones racionales hegemónicas o poderosas, transforman sus formas de pensar y ,por ende, sus formas de vida, en base a otros paradigmas racionales (Leff, 2011)

6. OBJETIVOS

1. Plantear las bases de la lógica productiva de la Permacultura en el contexto de las prácticas de la agricultura convencional actual.
2. Explicar el contexto del acercamiento a la práctica permacultural de los sujetos que la desarrollan tanto a largo plazo como esporádicamente.
3. Establecer relación entre los discursos previos al contacto con la permacultura y a los generados posteriormente atendiendo a las repercusiones que las primeras experiencias han tenido y tienen en la vida de los sujetos estudiados.
4. Analizar de qué forma lo aprendido y vivido en la experiencia permacultural ha alterado la visión que el sujeto tiene de la relación ser humano- naturaleza.
5. Identificar la repercusión de la Permacultura en los hábitos vitales de los sujetos en cuestión.

7. HIPÓTESIS

1. La participación en iniciativas permaculturales altera la racionalidad del individuo, pasando de una racionalidad económica a una racionalidad ecológica y cambiando así sus hábitos vitales, de producción, de consumo y de convivencia. Estos dejan de guiar sus acciones en base al afán de maximización económica y comienzan a guiarse por valores de auto subsistencia y armonía y sostenibilidad ambiental.

8. MARCO METODOLÓGICO

8.1. Un problema de investigación derivado de problemas

La elección de un tema y la definición de un problema de investigación son partes esenciales de cualquier investigación, pero existen otra serie de factores que van a determinar su desarrollo y que pueden condicionar las intenciones primeras con las que iniciamos el proceso investigativo.

Cuando comencé la elaboración de este proyecto de investigación mi problema de investigación era otro. Mi motivación era conocer de qué forma la permacultura pasa de la teoría a la práctica a través de un estudio de caso, es decir, adentrarme en una comunidad permacultural y comprender y describir su funcionamiento desde las prácticas agrícolas y económicas hasta las practicas sociales. Para hacerlo planifiqué con precisión cada fase del proyecto. Tenía clara mi unidad de observación y todas las técnicas de investigación que emplearía para poder desarrollar exitosamente mi investigación, pero en una disciplina en la que se trabaja con personas que no están bajo nuestro control a veces surgen obstáculos que nos obligan a tomar caminos diferentes.

La realización de trabajo campo era, para mí, imprescindible, ya que no podía comprender el funcionamiento de una práctica sin presenciarla de cerca, y para esta investigación en particular estaba planificado de la siguiente manera: Una semana de observación participante, para un primer acercamiento a las dinámicas de funcionamiento de la comunidad y el conocimiento del espacio en el que estas se desarrollaran, la realización de tres o cuatro entrevistas a agentes con diferentes papeles en la comunidad, y la realización de uno o dos grupos de discusión. Una planificación metodológica perfecta si no fuera por los obstáculos que me fui encontrando.

Tras dos meses contactando con la comunidad en la que pretendía realizar la investigación, se me comunica que debido a la indisponibilidad de atenderme por la falta de tiempo no es posible realizar allí mi trabajo de campo. Esto fue en un principio fuente de frustración y desmotivación hacia el proyecto, pero emprendí de nuevo la búsqueda hacía otro lugar que sí estuviera dispuesto a recibirme. Después de otros dos meses esperando respuestas y recibiendo rechazos tuve que asumir que mi planificación minuciosa de cómo quería que se desarrollara mi investigación simplemente no era viable en ese momento, por lo que retrocedí y tomé un nuevo camino.

Este nuevo camino ya no podía suponer el estudiar una comunidad, así que modifiqué mi problema de investigación. No podía acercarme a una comunidad, pero sí podía acercarme a diferentes sujetos y analizar las repercusiones de la permacultura en sus prácticas individuales. Fueron, entonces, estos obstáculos los que han dado lugar a la investigación aquí desarrollada.

8.2. Técnicas y etapas de investigación

He utilizado, para la elaboración de esta investigación, una metodología basada tanto en fuentes documentales como en trabajo de campo que he desarrollado a lo largo de las siguientes etapas:

1. **Fuentes documentales, que en esencia ha consistido en material bibliográfico especializado (09/01/2022 - 7/03/2023):** La larga duración de esta etapa se debe a que la búsqueda de material teórico relacionado con el tema del proyecto de investigación comenzó, no con ese proyecto, sino con la realización de un trabajo anterior, que fue el que me motivó a continuar esta línea

de investigación. Para facilitar esta tarea he seleccionado áreas de interés y he procurado, a la hora de investigar, ceñirme a ellas con el objetivo de no perder el rumbo en un océano de información. De hecho, la mayor dificultad encontrada en esta etapa ha sido reconocer la imposibilidad de abarcar todos los aspectos posiblemente desarrollables sobre el tema que nos atañe. Saber poner límites a la búsqueda bibliográfica ha sido un desafío, sobre todo porque ha retrasado el proceso de elaboración del soporte teórico del trabajo.

2. **Trabajo de Campo (02/03/2023 – 30/03/2023):** Debido a que la investigación va dirigida al análisis de la repercusión de la permacultura en los hábitos vitales individuales de los sujetos que la practican o la han practicado, mi trabajo de campo se ha centrado en la técnica de Historia de Vida. He considerado que esta es la mejor forma de cumplir con los objetivos de mi investigación, en la medida en que me permite realizar el recorrido vital de los tres actores de mi investigación y así acompañar su proceso de transformación.

8.3. Historia de Vida

Son varias las razones por las cuales he decidido utilizar como técnica principal, la historia de vida. Dado que lo tratamos de analizar es el proceso de transformación que sufre una persona y sus conductas y hábitos, debemos de atender a la forma en la que poco a poco se fueron dando esas transformaciones, es decir, adentrarnos en el recorrido vital de nuestros informantes para estudiar el cambio vital originado de la participación en proyectos permaculturales. La historia de vida nos permite justamente eso, conocer la perspectiva de los actores en procesos de cambio (Jiménez y Arana, 2008)

Para Pujadas y Comas d'Argemir (1997), la elaboración de una historia de vida es un método altamente recomendable cuando se trata de investigaciones acerca de procesos de cambio social, por lo que nos va a ser extremadamente útil, ya que nuestra investigación trata de analizar el proceso de racionalización social por el que pasan los sujetos que han practicado y/o practican la permacultura.

Lo que voy a tratar de hacer en esta investigación es algo así como una mezcla entre las diferentes formas que describe Pujadas (2000) de ejecutar el método biográfico. Es en esencia un relato de vida que permite, a través de la realización de entrevistas, recoger datos representativos para el desarrollo de la investigación, pero estos relatos de vida poseen en este trabajo una característica importantísima de las historias de vida[14] que es el objetivo de perseguir la lógica interna de una vida. Además, para una explicación más exhaustiva de cómo ejecutaremos esta metodología, podemos decir que se trata de un relato de vida cruzado, es decir, tenemos varios informantes, en mi caso tres, cuyas experiencias personales convergen hacia un tema común del que todos han sido partícipes de alguna manera (Pujadas, 2000).

Dada la naturaleza de mi muestra y el objetivo de mi investigación, utilizar como técnica sus recorridos biográficos va a permitir una mayor profundidad en la información obtenida.

8.4. Selección de informantes

Dado que este proyecto conforma un primer acercamiento a este ámbito de estudio, el único criterio que necesariamente deberían cumplir los informantes es que hayan participado y/o participen en proyectos permaculturales.

La muestra de informantes está conformada por tres personas:

---

[14] El relato de vida y la historia de vida se diferencian en términos de duración de la recogida de información y en exhaustividad. La historia de vida permite, a través de muchas entrevistas a lo largo de un espacio de tiempo, una profundidad y exhaustividad que en el relato de vida es más difícil de alcanzar (Jiménez y Arana, 2008)

1. **Arquímedes:** Joven de 23 años que terminó los estudios de grado en Ingeniería agrícola y Ciencias Ambientales en la Universidad de Pablo de Olavide en el curso 2021/2022 y pretende seguir sus estudios de máster por la rama medioambiental. Desde finales de 2020 participa en iniciativas ecológicas en las que se practica la permacultura, principalmente situadas en Galicia. Sus estadías suelen tener una temporalidad de tres a seis meses en una finca al norte de Galicia.

2. **Álvaro:** Joven de 33 años residente de El Palmar de Vejer. Hasta hace tres años trabajaba como ingeniero naval, pero dejó el trabajo para dedicarse a su proyecto El Semillero, un proyecto de concienciación ambiental. Actualmente además de El Semillero está desarrollando un proyecto de diseño de casas sostenibles y otro de reciclaje de aguas residuales y grises domésticas en la localidad del Palmar.

3. **Teresa:** Joven de 31 años residente en Cartaxo, Portugal. Ha participado a lo largo de los últimos cuatro años en dos cursos de permacultura. Actualmente trabaja como nutricionista. No participa en proyectos permaculturales tan asiduamente como lo hacen los informantes anteriores, aunque sí planea hacerlo en un futuro.

9. UN QUÉ Y UN CÓMO. PERMACULTURA DESDE DENTRO Y DESDE FUERA

9.1. El "problema" de la abarcabilidad

El acercarnos al objeto de estudio una vez lo hayamos definido, delimitado y desarrollado un problema de investigación puede parecer relativamente fácil, pero cuando uno se acerca a la realidad que trata de investigar, lo que parecía tan claro y tan acotado puede verse alterado. Eso mismo ocurre cuando nos adentramos en el estudio de la permacultura.

Como hemos mencionado ya varias veces en este trabajo, la Permacultura se presenta como una especie de filosofía práctica que consiste en una guía teórica a la práctica agrícola y sociocultural, pero más que una invención, o una creación original, la permacultura es en realidad una recopilación de prácticas, técnicas y filosofías recogidas de diferentes disciplinas y culturas. A causa de esto, su abarcabilidad puede dificultar su identificación cuando puesta en práctica.

> *"...algunas personas me comentaron que iban a empezar un proyecto...no enfocado específicamente a la permacultura, pero en una finca donde al final iban a cultivar también su propia comida..."* (Arquímedes)

> *"Es que también hay tantas prácticas que ya claro...no sabes... coinciden muchas de las técnicas si estamos hablando solo de la parte agrícola..."* (Arquímedes)

43

El qué es la permacultura es una cuestión que puede resultar un tanto ambigua de contestar incluso para aquellos y aquellas que la practican, ya que muchas veces es simultánea a otro tipo de técnicas y practicas tanto agrícolas como sociales.

> *"Es eso, es que la permacultura abarca tanto.... hay tantísimas vertientes y cada una super válida, pero yo me pierdo ya entre agroecología...no se si abarca más, y luego dentro está permacultura, agricultura natural, agricultura regenerativa.... Es que hay veinte mil millones de tipos y es como una etiqueta que se pone la gente en plan...no yo soy agricultor regenerativo...y es como... ufff me pierdo. Parece lo mismo pero una aplicación un poco diferente..."* (Arquímedes)

> *"...también es importante aclarar un poco el término o el concepto de la permacultura. Que la permacultura no solo está adaptada a lo que es el huerto. Al final la permacultura es un poco todo...lo mismo...el estilo de vida...la ....cultura. En cuanto al huerto se refiere sí que hay y utilizamos técnicas 100 por cien permaculturales vamos...de sistemas de plantar...utilizamos mucha agua porque hacemos sistemas de acolchado o camas de acolchado para que sostenga más la humedad del suelo..."* (Álvaro)

> *"También el cultivo biodinámico, que va en función de las fases lunares, de intentar crear una biodiversidad en el mismo huerto"* (Álvaro)

> *"E nao é só agricultura em sí, que tambem, mas como o ser humano, con valores, comida, agua e terra, porque no fundo estamos completamente dependentes..."* (Teresa)

> *"É assim...é permacultura por que foi o nome que se lhe deu, mas pode-se chamar de mil formas diferentes, é a esencia, a base...para consguir dar valor e deixares depender tanto de uma só moeda."* (Teresa)

De esta manera, la concepción, de los sujetos entrevistados, de lo que es la permacultura queda más vinculada a los valores intangibles y principios teóricos que a las técnicas y prácticas de producción[15] que conforman su sistema de diseño. Parece ser que el elemento de la permacultura que los actores sociales que han participado y participan en proyectos permaculturales más interiorizan, que es a la vez el elemento que consideran más identificativo, es el principio de reformulación de la relación ser humano naturaleza. Es un principio de respeto y equilibrio, un trabajar con la naturaleza y no contra ella de manera a conseguir algún nivel de autonomía en cuanto a la obtención de recursos.

En este sentido, la permacultura se conforma como una herramienta práctica a la transformación de lógicas y concepciones teóricas.

Esto supone un gran punto de inflexión en el trabajo, ya que, aunque el foco de atención sea la repercusión de la permacultura en los sujetos, la forma en la que estos la perciben parece cobrar su importancia en el **cómo** se desarrolla, es decir, en los principios de respeto y equilibrio con la naturaleza de los que veníamos hablando, y no tanto en el **qué** es en tanto que una práctica cuyas técnicas se dirigen al trabajo agrícola.

El porqué esto supone un punto de inflexión es algo que se irá dilucidando a lo largo del trabajo, pero sí podemos ya decir que es la lógica en la cual se fundamenta la permacultura, sus valores y principios que cala a los individuos. Es la forma en la que les enseña a relacionarse con su entorno natural que parece definir su experiencia permacultural.

9.2. "NO SOMOS HIPPIES, SOMOS AGRICULTORES". El problema del reconocimiento

Como ya hemos visto, la permacultura además de ofrecer un diseño agrícola ofrece también un diseño social, es decir, aparte de principios

---

[15] Cuando hablo de prácticas de producción hago referencia a todo el espectro de actividades que la permacultura abarca en su guía de diseño y que consisten en el trabajo físico de la tierra. Las técnicas agrícolas, las técnicas de manejo de agua y las técnicas de bioconstrucción son algunos ejemplos.

dirigidos a la producción, está también construida por principios éticos de convivencia abogando por la convivencia respetuosa, el multiculturalismo y el trabajo personal en un sentido podríamos decir más espiritual. Esta parte más social no tiene porque llevarse a la práctica, y la realidad observada a través de los entrevistados es que, efectivamente, existen proyectos permaculturales más dirigidos al diseño de un espacio comunitario con tintes emancipatorios[16] y otros más centrados en la autosuficiencia alimentaria y por lo tanto en la producción agrícola.

> *"...um dos meus professosres do curso de permacultura e a mulher, viveram em comunidade e ainda querem viver assim um bocado. Há algumas que é mais ter o espacinho deles e terem em casa a horta e outros muitos a quererm juntarse em comunidades."* (Teresa)

Este punto de la investigación es interesante en dos sentidos que se desarrollaran a continuación. Por un lado, las entrevistas realizadas nos han permitido comprender que a pesar de que existan proyectos permaculturales dedicados más al ámbito agrícola que al social, estos son inseparables, ya que el desarrollo productivo es inseparable del desarrollo social. Por otro lado, hemos podido también comprender que, debido al carácter más espiritual y experimental que pueden tener algunas prácticas desarrolladas en iniciativas permaculturas, esta tiende a relacionarse a ojos externos, con otros movimientos sociales y pseudocientíficos.

> *"La permacultura desde el mundo científico se ve un poco como una pseudociencia porque al final se mezcla mucho...muchas disciplinas y muchas veces quien la aplica también tiene una visión de la vida pues a lo mejor mas espiritual"* (Arquímedes)

---

[16] Con el término emancipatorios hago referencia a la intención de emancipación de los sujetos y de los proyectos permaculturas que se desarrollan. Esta emancipación consiste en la intención de "salir" del sistema económico, social y político hegemónico para conseguir la autonomía completa del estado y sus instituciones y modelos de funcionamiento (Melgar del Corral, 2021)

En cuanto a lo primero podemos decir que, dado que, en base a la experiencia de los entrevistados, gran parte de las iniciativas permaculturales, aunque pueden darse en el seno vital de individuos o familias, sin intenciones de construir una comunidad, tienden a recibir mucha gente de fuera que llega con intenciones de aprender y practicar la permacultura, así como de ayudar a estas personas a desarrollar sus proyectos, este es el caso de Álvaro, por ejemplo.

Aunque las personas en cuestión no lleven a cabo actividades exclusivamente dirigidas a la convivencia comunal *"al final, aunque esta persona esté solo enfocada en lo agrícola…quieras que no…al final te va a unir de otra forma más allá, en el aspecto social."* (Arquímedes).

Además, incluso si atendemos solamente al ámbito agrícola, los principios que rigen sus prácticas en lo que concierne al trabajo de la tierra, están fundamentados en la reformulación de la relación del ser humano con la naturaleza, esto supone el aprender y comprender que como seres humanos somos parte de algo más grande, dependemos de nuestro entorno y debemos actuar con respeto hacia él. Estos principios y valores acaban por trasladarse al ámbito social, de la misma forma que dependemos de la naturaleza, como seres sociales, dependemos también de otras personas que debemos tratar con igual respeto. El repensar nuestra relación con el entorno, supone tener que replantear nuestros orígenes, nuestras raíces, y eso es esencialmente social y cultural.

> *"…acho que é voltar as raizes, perceber a nossa conexao com a natureza e perceber aquilo que é esencial. E nao é só agricultua em sí, que tambem, mas como o ser humano, con valores, comida, agua e terra, porque no fundo estamos completamente dependentes. Nós nao conseguimos fazer sozinhos, oseja, é impossivel, nao consegues, vais sempre depender de alguem que te ajude…entao é um bocadinho voltar a criar valores básicos do ser vivo, depends da natureza. E a permacultura procura um bocado isso, nao só parte agricultura, tambem os valores que isso implica o conceito de comunidade, de precisarmos uns dos outros."* (Teresa)

Por otro lado, como hemos mencionado anteriormente, tenemos el problema de la percepción externa derivado del carácter alternativo[17] de la permacultura.

Son dos los elementos que parecen más contribuir a la percepción que se tiene de la permacultura externamente, por un lado, las prácticas que se llevan a cabo en algunas comunidades permaculturales, algunas motivadas por el pensamiento ecológico, otras más dirigidas a lo personal, íntimo y espiritual, y por otro lado el mero hecho de constituir una estrategia alternativa al sistema productivo capitalista hegemónico, cuyas lógicas de funcionamiento e intenciones de autonomía tienden a confundirse o a relacionarse con movimientos sociales que nada tienen que ver en sus raíces con la permacultura.

> *"La permacultura desde el mundo científico se ve un poco como una pseudociencia porque al final se mezcla mucho…muchas disciplinas y muchas veces quien la aplica también tiene una visión de la vida pues a lo mejor mas espiritual y se mezcla con muchas prácticas que la ciencia no respalda."* (Arquímedes)

En el caso de Álvaro, por ejemplo, que está desarrollando un proyecto ecológico centrado en la permacultura, se llevan a cabo talleres de muchos tipos, desde aprender a hacer jabón en casa, hasta talleres de medicina china pasando por clases de surf y de yoga. Lo mismo ocurre en el caso de Teresa que en los cursos de permacultura realizados, las actividades mencionadas también formaban parte del aprendizaje.

Es importante entender que, a pesar de lo mencionado anteriormente, la agricultura sigue siendo la actividad principal de las iniciativas permaculturales.

---

[17] Utilizo aquí el termino -alternativo- en su más sencilla concepción, es decir, hago referencia a que se trata de una iniciativa con intención de crear un modelo de vida diferente al hegemónico. Una actitud contraria u opuesta hacia lo hegemónico. (Melgar del Corral, 2021)

Pero, no son solamente las prácticas espirituales y "alternativas"[18] que ponen, a veces, en cuestión la legitimidad, seriedad y eficacia de la permacultura, también lo hacen sus prácticas estrictamente agrícolas. Un claro ejemplo de esto fue la reacción de muchas personas de mi alrededor al escuchar que realizaría una investigación sobre la permacultura.

Recuerdo que cuando decidí elegir la permacultura como objeto central de mi trabajo de fin de grado, mi tutora, que está especializada en agricultura ecológica, mostró sus dudas en cuanto a la temática –cosas de hippies-, o algo similar dijo al respeto, al igual que otras personas me decían cuando explicaba de qué trataba la permacultura "¡¿ah eso es como una comuna no?!". Debo admitir que, también yo, antes de iniciar la investigación y conocer la realidad que me adentré a estudiar, relacionaba inconscientemente a la permacultura más con la creación de comunidades alternativas[19] que con la agricultura en sí.

El hecho de que sus prácticas agrícolas se rijan por un conocimiento más experimental, de escucha y observación, y de dejar la naturaleza hacer lo que tenga que hacer, y menos científico, menos controlado y dirigido a la obtención de beneficio, parecen colocar a la permacultura en un limbo de reconocimiento entre "hippielandia" y agricultura. A pesar de esto, tras la investigación realizada, podemos afirmar que la permacultura es en esencia agricultura permanente, y como dice Arquímedes al contar su experiencia en fincas de permacultura, los participantes reivindican *"No somos Hippies, somos agricultores"*

Todo lo dicho en este apartado, puede parecer no estar directamente relacionado con el tema que nos atañe de la racionalidad ecológica, pero es esencial, para comprender el núcleo de la investigación, pararnos a

---

[18] Aquí el término -alternativas- ya conlleva un significado más complejo. El término -Alternativo- ha sido comúnmente utilizado para hacer referencia a movimientos New Age, movimientos hippies, y otros movimientos de la misma índole. Es justamente esa asociación que origina el problema de percepción externa del que hablamos en la permacultura. (León, 2019)
[19] Ver pie de página número 18.

analizar qué es la permacultura más allá de la teoría y cómo se percibe la permacultura fuera de la misma. También he creído importante desmontar con antelación concepciones que pueda tener el lector acerca de las motivaciones e intenciones de la permacultura, tarea que espero haber cumplido.

10. DESCUBRIENDO PERMACULTURA: DE LA INQUIETUD A LA ACCIÓN

Al acercarnos a los recorridos vitales de los tres sujetos analizados, las primeras experiencias permaculturales son decisivas en sus desarrollos vitales posteriores. Esas primeras experiencias se dan en diferentes contextos y por diferentes vías, pero comparten puntos clave de los que partiremos para analizar sus repercusiones. Para ello, analizaremos ese primer acercamiento a la permacultura de cada uno de los entrevistados.

Las inquietudes ecológicas de los sujetos, término que utilizo para hacer referencia a las preocupaciones medioambientales que pueden existir en cualquier persona sin que por ello se tomen acciones consecuentes, surgen años antes de que realmente decidan participar en iniciativas cuyos aprendizajes permitan reaccionar ante tales preocupaciones. Tales inquietudes no son señal de la existencia de un cambio de racionalidad en el sentido que exponíamos en apartados anteriores[20], pero sí supone el comienzo de una concienciación de la problemática ambiental que predispone a los sujetos ante alternativas productivas y vitales como lo es la permacultura.

En los casos de Teresa y Álvaro, esas inquietudes ecológicas vinieron tarde. Ambos ya tenían puestos de trabajo estables en la ciudad y un ritmo de vida acorde a la motivación de producción monetaria incesante característica de la racionalidad económica que dirige las sociedades occidentales capitalistas. Esta "estabilidad" se vio desequilibrada al conocer a personas que practicaban la permacultura. Para Teresa, ese

---

[20] Ver pie de página número 13.

desequilibrio vino al conocer a Jorge durante un viaje en Australia, un chico que llevaba practicando permacultura varios años y que al tener su propio huerto ofreció a Teresa la oportunidad de ver superficialmente en qué consistía. Ese encuentro le empujó a interesarse un poco más en la cuestión de la autosuficiencia y el aprovechamiento máximo de recursos naturales para evitar la necesidad de recursos externos. Fue ese interés el que la llevó meses más tarde a buscar un Workaway[21] en Camboya en el que tuvieran un proyecto de permacultura, en el que se quedó dos semanas.

> *"Tudo o que eles faziam a nivel de vida. Construiam as casas eles propios.... tomávamos banhos de um poco...usávamos escrementos de morcegos.... Nós tentávamos sobrevivier á base do que havia no jardim, obviamente havia coisas de fora...já sabes como é que é...nao é possivel tudo..mas sim o máximo."* (Teresa)

Para Teresa esta experiencia fue un experimento, además del objetivo de aprender a cómo trabajar la tierra utilizando únicamente los recursos de la naturaleza, y vivir de una forma en la se gastasen y se reutilizasen el mínimo de recursos posibles, tenía el objetivo de descubrir hasta qué punto era o no posible vivir de esa manera, autosuficiente y ecológica, en tanto que en unión y respeto con la naturaleza. El aprender a gestionar los recursos era también para ella un desafío, ya que supuso tener que salir del confort de sus hábitos diarios y comprender si, a pesar de sí ser posible vivir de otra manera, más ecológica, ella podía hacerlo.

> *"...como é que as pessoas conseguem viver num sitio com o minimo de recursos exteriores. O que é que comem, o que precisam extra que nao conseguem obter de casa.... o estilo de vida, de poupares agua ao máximo...dos banhos , da casa de banho e da contaminaçao. Também por me á prova nesse sentido para conseguir gerir os recursos."* (Teresa)´

---

[21] El Workaway es una red social que permite, en cualquier lugar del mundo, realizar un voluntariado a cambio de alojamiento y comida. El voluntariado consiste en todo tipo de trabajos: educación, cuidado de casas, construcción, agricultura, y ayuda en el desarrollo de proyectos permaculturales, entre muchos otros.

Al regresar de su viaje en 2020, esas inquietudes ambientales que ya comenzaban a materializarse se convirtieron en acción y entre el año 2020 y 2021 realizó dos cursos de permacultura.

En el caso de Álvaro, esas inquietudes comenzaron cuando con 23 años decidió mudarse al campo en Cádiz. En ese momento, debido al contacto con la naturaleza, al observar las relaciones que en ella se daban, comenzó a desarrollar otros estímulos y a abrir su espacio mental a otra forma de concebirse como ser humano en relación con su entorno. Al sentirse más cercano a la naturaleza empezaron a surgir nuevas preocupaciones dirigidas al cómo actuar de una manera que permita vivir en equilibrio con ella. Aunque como expliqué en un principio, se trataban de primeras inquietudes ecológicas que aún estaban lejos de convertirse en acción *"...ahí es donde empiezan esas inquietudes poco a poco, pero sin ninguna expectativa de llegar a formar un proyecto así, o una iniciativa así."* (Álvaro)

Fue también en un viaje, a Galicia, en el que Álvaro se encontró con la permacultura. Estuvo tres meses en una casa en la que todo el alimento que consumían provenía del huerto permacultural. Ahí comenzó a aprender qué era la permacultura y cómo practicarla y, al igual que Teresa, vio que había una manera de vivir de acorde a esos valores ecológicos que empezaban a aflorar. *"...ahí se me despertó, o se me terminó de despertar el chip."* (Álvaro)

Unos años más tarde conoció a Ruth, que con sus mismas inquietudes y ganas de hacer algo al respecto se unió a él con la intención de desarrollar un proyecto en el que pusieran en práctica lo aprendido gracias a la permacultura.

Para Arquímedes, su primer acercamiento a la permacultura tiene un poco de las dos experiencias anteriores. Sus inquietudes ecológicas comenzaron bastante temprano, con apenas 18 o 19 años ya le interesaba la ecología y tenía como objetivo *"de intentar buscar unas formas de vida, unos estilos de vida un poquito más respetuoso, con menos impacto ambiental...si...una vida más respetuosa y más cercana a la naturaleza"* (Arquímedes).

Ese objetivo se originó a partir de un sentimiento de disconformidad con la forma de vida en la ciudad, en la que percibía un desarraigo de la verdadera naturaleza del ser humano.

> *"En las ciudades sí hay esa separación, bueno, se vive con esa separación con la naturaleza cuando en realidad no la hay...entonces es un poco un sin sentido el vivir fuera de lo que realmente somos."* (Arquímedes)

Fue entonces en Sierra Nevada que conoció a una mujer que practicaba la permacultura y le enseñó en qué consistía. Ese encuentro supuso un momento decisivo, ya que despertó el deseo de descubrir cómo podía vivir con una visión más ecológica, "...el yo querer tener una visión un poco más ecológica... y al final irme acercando y acercando, conociendo un poquito a gente y así te vas adentrando.". Ese acercamiento, al igual que a Álvaro, le llevó a Galicia, donde conoció a una serie de personas que tenían proyectos permaculturales en lo que él tuvo la oportunidad de participar.

Al principio esas participaciones eran cortas y separadas en el tiempo, pero se fueron convirtiendo en estadías de dos meses cada tres o cuatro meses, es decir, su participación fue bastante asidua. A lo largo de esas estancias, observó cuanto conocimiento poseían en esos proyectos sobre la naturaleza y cómo a través de él conseguían producir suficiente para vivir.

> *"...joe, me daba una visión mucho más...con mucha más esperanza en el futuro, de que... a ver... es algo que siempre ha estado presente ¿no? Pero yo que se, hay gente haciéndolo ahora."* (Arquímedes)

En todas las experiencias anteriormente descritas nos encontramos con dos puntos clave en común.

En primer lugar, nos encontramos con el deseo de vivir de una forma más cercana y respetuosa con la naturaleza, que se describe como un retornar a las raíces y reconectar con la naturaleza del ser humano de la cual, como dicen los entrevistados, nos hemos separado:

"Y pensamos en algo así porque… todo lo que sea desvincularte de tus raíces… de tu naturaleza…es lo que hace un poco perderte ¿no. Entonces vimos la manera más pura o ese puente más directo para llegar a esas raíces y por lo tanto volver y rebobinar un poco en nuestro pasado" (Álvaro)

"…o problema é que esa forma de produzir nao funciona…nao perceberam a esencia da terra… ajuda emocionalmente perceberes que ao respeitar a natureza estas-te a respeitar a ti…" (Teresa)
"…a querer salvar esa distancia que hay en las ciudades. Creo que es beneficioso estar más cerca de lo que verdaderamente somos." (Arquímedes)

En segundo lugar, estas primeras experiencias se presentan, además de como fuente esencial de aprendizaje, como prueba fáctica de que otras formas de vida son posibles. Ofrece esperanza y motivación a seguir una senda vital bajo la lógica ecológica y las herramientas necesarias para hacerlo.

El encuentro de los sujetos entrevistados con la permacultura supone en definitiva la semilla que acabará por germinar, como veremos a continuación, en un cultivo vital ecológico.

"…y ver que…el de dónde venimos…esos sitios más naturales donde de verdad debemos estar…no encerrados entre cuatro paredes…ni en una ciudad con miles de estímulos con tanta tecnología y esas historias…que esas cosas dan paso… evidentemente a miles de problemas." (Álvaro)

11. MI HUERTO:
EL MOMENTO CATÁRTICO

> *"Los revolucionarios que no tienen huerto, que dependen del mismo sistema que atacan, que producen producen palabras y balas y no comida ni abrigo, son inútiles".* (Bill Mollison)

Tras la participación en los proyectos permaculturales, sea por vía de cursos como en el caso de Teresa, o por estancias en fincas como Arquímedes o Álvaro, el deseo de poner en práctica lo visto y aprendido se potencia. Presenciar el cómo se llevan a cabo proyectos que permiten cierta independencia en la obtención de recursos para la subsistencia origina un sentimiento unánime de esperanza.

La creación de un huerto es el primer gran cambio. Permite un paso más en la autosuficiencia alimentaria y en la producción respetuosa y controlada, además de fuente esencial de aprendizaje. El huerto permite concienciarse de que es posible hacer las cosas de otra manera.

Como bien explica y defiende la permacultura, la observación y la experiencia son esenciales para la comprensión y posible reproducción de las relaciones entre seres vivos en un ecosistema, *"... tentar fazer tudo o melhor e no fundo reparei que a natureza é que sabe e que só vais aprender por experiência."* (Teresa).

Todos los entrevistados han pasado por un momento de ensayo/error que les ha permitido conocer y asumir el carácter homeostático y las necesidades de la producción natural que cuentan a través de anécdotas.

En el caso de Arquímedes, la existencia de huertos sociales en el recinto universitario le facilitó la hazaña. En el año 2021, junto con un pequeño grupo de compañeros y compañeras, se hicieron con una parcela y comenzaron a desarrollar un pequeño huerto en el que plantaban tomates, calabacines, cebollas y lechugas, entre otras cosas que afirma no recordar. Este huerto dio fruto durante un año, ya que la universidad acabó por cerrarlos.

En el caso de Álvaro, este decide mudarse a una casa que tenía su padre en la localidad del Palmar de Vejer en el que empieza a desarrollar un proyecto de concienciación ambiental, junto a su compañera Ruth, centrado en la creación de un huerto permacultural, El Semillero Project. Este proyecto que se inició en febrero del 2020 y sigue funcionando, avanzando y haciéndose cada vez más complejo. Volveremos a él más adelante.

Teresa también inicia un pequeño huerto en su jardín con la intención de poner en practica lo aprendido en los cursos que había realizado. El huerto duró cerca de dos años, hasta que debido a la indisponibilidad causada por trabajo y viajes, tuvo que dejarlo.

El vivir en sus carnes el trabajo de la tierra es un punto clave para aprender los ritmos más lentos de la naturaleza, muy diferentes a la rapidez del mundo social hegemónico. La búsqueda de otras dinámicas alejadas del estrés, la búsqueda intensiva de dinero y los abusos medioambientales va germinando el deseo de vivir de otras maneras. Pero ese cambio no siempre es fácil, ya que supone luchar contra cosmovisiones, deseos y valores interiorizados desde el nacimiento, los cuales a su vez conforman la racionalidad que es culpable de las problemáticas de las cuales los sujetos intentan escapar.

> *"...dependes de los ciclos naturales, de escalas de tiempo de la naturaleza y tienes que ajustarte a ellas. Ya solo el hecho de que una planta desde que tu plantas la semilla hasta que te da el primer fruto... depende de cual, pero piensa en un tomate tarda 3 meses... tu todo lo tienes que hacer con una antelación, con una planificación y...tienes que tener una paciencia increíble. Aquí en la ciudad quieres un tomate y lo compras."* (Arquímedes)

La creación de un huerto permite a los individuos dos cosas fundamentales, en primer lugar, les permite aprender y conocer las relaciones que se dan en la naturaleza, en segundo lugar, supone cierto grado de autonomía, ya que al producir gran parte de su alimento en lo que toca a verduras y frutas disminuye su dependencia hacia instituciones y empresas cuyos productos no han sido obtenidos en base a una lógica ecológica y a sus valores.

Lo cultivado por los entrevistados era, incluso para su propia sorpresa, más que suficiente para poder subsistir. De hecho, en los tres casos ofrecían parte de su producción a familiares o amigos por la cantidad de fruto recogida.

Al experimentar el trabajo de cultivar la tierra, los entrevistados ponen en valor el trabajo agrícola, por lo que sus hábitos de consumo referentes a todo aquello que necesitan, pero no consiguen obtener del huerto, se ven alterados. Esa concienciación se ve reflejada en la búsqueda de redes de mercado que respeten al agricultor, ofreciendo contacto directo y un precio justo, y que respeten la naturaleza, utilizando técnicas de cultivo ecológicas.

> *"...desde la ciudad a lo mejor no tengo la capacidad de hacer un huerto tan fácil, pero sí tengo la capacidad de ir a comprar a alguien que sé que le va a dar precios más justos a la gente que produce esa comida...se mejor sobre el origen, las técnicas que utilizan...y quiero darle el dinero a esa persona, no quiero dárselo a una empresa que hace monocultivo y que usa tanto máquinas, como convierte a las personas que utiliza en máquinas."* (Arquímedes)

En definitiva, origina una búsqueda de redes que estén de acordes a los valores ecológicos que han emergido en los sujetos y que se van haciendo cada vez más presentes.

> *"Eu acho que quando começas a perceber isso começas tambem a respeitar as pessoas e o trabalho, começas a perceber que tambem tu propia tambem és responsavel pelo que fazes, comes ou consomes"* (Teresa)

Como veníamos diciendo, el huerto, que es la primera gran acción de los sujetos tras descubrir la permacultura, es una especie de experimento de ensayo/error, que supone dedicación y constante aprendizaje. El cultivo requiere observar para comprender qué necesita la tierra y cómo lo necesita, y eso solo se aprende haciendo, fallando, y volviendo a intentar.

FG 1 y 2. Huerto Permacultural de El Semillero Project, El Palmar de Vejer. (Huerto de Álvaro)
Fuente: Elaboración propia

"…una anécdota así de al principio cuando me vine aquí y empecé a plantar cositas… Esto estaba todo seco…seco…nada de flores, plantas nada, y había una variedad, los calabacines que salió la flor mu bonita y cuando iba a dar el fruto…llegaba a este tamaño (señala con los dedos un tamaño) y se moría, nacía otro…pum se moría y… ¿qué pasa aquí? Entonces claro nos dimos cuenta de que era falta de polinización, claro porque ahí en el momento no había nada y no se estaban dando las condiciones óptimas de biodiversidad para que hubieran polinizadores y las polinizaran de forma natural. Ha ido pasando el tiempo y hemos ido metiendo más plantas más flores y se ha creado una biodiversidad brutal…equilibrio…al final es eso… regenerar el sitio, el suelo." (Álvaro)

FG 3. Huerto de Teresa en Cartaxo, Portugal
Fuente: Elaboración propia

FG 4. Algunas verduras cosechadas del huerto de Teresa
Fuente: Elaboración propia

"...porque no sabíamos todavía las distancias a las que había que poner las plantas...y entonces creo que sobrexplotamos esa tierra, pero sin saberlo. Era un tomate cada 20 cm y hay que ponerlo como a 70 y nosotros llenamos eso entero, plantamos demasiadas cosas. sacamos cajas y cajas de tomates, de calabacines... un montón de cosas... y también tenía en mi azotea en cajas de estas de plástico de fruta llenas de tierra con un plástico. Y esto es sin saber nada." (Arquímedes)

FG 5. Huerto de Arquímedes

FG 6. Técnica permacultural del acolchado utilizada para retener la humedad. Huerto de Arquímedes
Fuentes: Fotografías proporcionadas por Arquímedes

El huerto supone, entonces, el primer gran cambio en la vida de los entrevistados. Es la primera acción que supone un verdadero cambio en su subsistencia y que refleja cómo los valores ecológicos se van asentando, pero no es el único cambio que los sujetos realizan en sus vidas.

Como hemos visto antes brevemente, el empezar el huerto viene acompañado por otras transformaciones en los hábitos vitales de los sujetos, como lo es la preocupación hacia la compra y consumo de alimentos, pero aparte de estas grandes acciones palpables, existen otras más pequeñas que pueden pasar inadvertidas por aparentemente carecer de relevancia suficiente en tanto que prueba fáctica del cambio de racionalidad que guía la acción de los sujetos. Creo que es justamente en estas acciones pequeñas donde se puede palpar realmente la forma en la que la racionalidad ecológica introducida por la permacultura se asienta en los sujetos.

Algunas de esas pequeñas acciones son: el cuidar no gastar más del agua necesario en la ducha, que se complementa con la utilización del agua que corra mientras se calienta para el riego o para el fregar, la reducción de utilización plásticos y la diminución o eliminación de utilización de plásticos desechables, y la elaboración de compost con los residuos orgánicos del día a día. Estos son los hábitos más comunes entre los entrevistados, pero en el caso de Álvaro, por ejemplo, la cosa va un paso más allá. Tal fue su implicación en el proyecto permacultural que comenzó a desarrollar que dio un paso más y se despidió de su trabajo para poder dedicarse a tiempo completo a transformar poco a poco su vida hacia una de acorde a sus valores ecológicos y a compartir esos valores y ofrecer las herramientas para que otros pudieran hacer lo mismo, todo esto a través de su proyecto.

> *"…yo llegó un punto ahí…que eso fue otro gran paso de ese cambio…que fue decir adiós al trabajo. Supuestamente un trabajo idílico con un pedazo de sueldo…que justo cuando me fui me iban a hacer fijo…que no se qué…"* (Álvaro)

Álvaro empezó el proyecto del Semillero Project en 2020, un proyecto bastante complejo que implica la elaboración de talleres y charlas de concienciación, pero que además está actualmente expandiéndose junto a otro proyecto desarrollado también por él, dirigido a la gestión del agua y a la construcción sostenible en la localidad del Palmar de Vejer. Este proyecto pretende la generación y reutilización de los recursos energéticos básicos de luz y agua centrándose más concretamente en el tema de gestión de aguas residuales para su posible reutilización.

> *"el objetivo del semillero era y sigue siendo una concienciación ambiental para una transición social por así decirlo."* (Álvaro)

Los tres entrevistados hablan en definitiva de un proceso de transición, del cual son conscientes y que luchan por emprender.

> *"pienso simplemente en la naturaleza, pues yo no quiero destruir los ecosistemas de esta forma, no quiero participar en …pfff, en esta sociedad que es bastante surrealista, que es mirar payá, (mira hacia un puente en el que no cesan de pasar coches) y ver tantos coches tantos autobuses, tantas cosas, que estas dentro. O sea, yo vivo aquí en la ciudad, vives en una inercia y participas ene so al final, quieras que no, pero he visto que es posible hacerlo de otra forma, y yo quiero experimentar con ello y crear mi realidad y hacerlo de la forma que a mi me convenza"* (Arquímedes)

Estos cambios vitales, que vienen acompañados inevitablemente de un proceso de re-racionalización, suenan ideales cuando se describen de esta manera. Puede incluso transmitir la sensación de que se trata de personas que han cambiado radicalmente sus vidas y que han dejado atrás la racionalidad económica característica del mundo en el que viven para avanzar en un camino vital regido únicamente por la racionalidad ecológica, pero esto no ocurre en todos los casos estudiados y no ocurre en su totalidad.

Se trata de un proceso de transición complicado y con grandes obstáculos por el camino y, como dice Álvaro, *"…es muy fácil perderse entre estos dos mundos."*

12. ENTRE RACIONALIDADES: CONFLICTOS INTERNOS

Como veníamos diciendo, el cambio de lo teórico a lo practico puede resultar muy dificultoso. En esta investigación, concretamente, esas dificultades con las que se deparan los sujetos a la hora de hacer cambios profundos de índole ecológica en sus vidas parecen reflejarse en conflictos internos importantes.

El proceso de racionalización social no ocurre instantáneamente y sin obstáculos. Muchas lógicas económicas y sociales son difíciles de superar, dando origen a grandes conflictos y estrés personales derivados de dilemas éticos acerca de lo que es más ecológico y correcto y acerca de la satisfacción de los deseos e intereses en emprender acciones que no son positivas en sentido ecológico.

En el momento en que los sujetos han sido ya introducidos a la permacultura y han interiorizado sus valores y sus principios, la transición racional y práctica[22] no se da pacífica ni repentinamente.

> *"Que por un momento...a todos nos ha pasado y a mí también, de querer a la noche a la mañana ser super ecológico sabes... y ...no...Porque eso es insostenible a nivel mental."* (Álvaro)

---

[22] Con el término transición práctica hago referencia al cambio comportamental derivado del cambio racional del que hablamos anteriormente. En este caso, ese cambio racional se da hacia una visión ecológica del mundo.

Los actores sociales se encuentran ahora entre dos mundos que corresponden a diferentes deseos, lógicas e intereses y que construyen aquello que anteriormente hemos desarrollado en este trabajo como racionalidad económica y racionalidad ecológica. Estos mundos diferentes serían, entonces, algo así como un mundo económico, y un mundo de equilibrio ecológico.

Estos mundos tienden a verse como opuestos tanto por los teóricos académicos[23] como por los sujetos que experimentan esta discordancia en la práctica. Esta percepción de oposición y contrariedad parece originar un sentimiento de incongruencia y frustración ante las prácticas individuales de los actores que se encuentran entre esos dos mundos.

> *"....porque isso causa um impacto psicológico muito grande....é a questao da água, por ejemplo, de estares a despredicar a água. Reduzir ao máximo a utilizacao de plastico...nao uzar sacos de plastico... Sao muitas coisas."* (Teresa)

Actividades sencillas del día a día, como ducharse o cocinar parecen convertirse en posibles "torturas" mentales debido al desafío personal que supone abdicar de ciertas cosas que percibimos como placenteras solo porque no son acordes a la lógica ecológica que los sujetos pretenden adoptar. El estar cansado y tener ganas de una ducha caliente y larga deja de ser relajante cuando el pensamiento martirizante de *"... y joder, estoy gastando un montón de agua...no debería gastar tanta"* (Arquímedes) se convierte en constante. De la misma forma, al cocinar, el tirar los residuos orgánicos al contenedor común, en vez que utilizarlos para compostaje, también genera incomodidad "Sentirme mal porque em vez de fazer compostagem ...estou a deitar tudo e a mixturar. Opá, ás vezes nao te apetece ou...nao sei ..." (Teresa).

---

[23] Tal como hemos visto en el apartado de marco teórico, lo ecológico y lo económico (en el sentido de maximización) se perciben como opuestos. La racionalidad ecológica surge, según autores como Riechman, Leff o Escobar (Ver página...COMPLETATR), como reacción y en contra de los valores e intereses que caracterizan la racionalidad económica.

La asimilación y aplicación de las lógicas y prácticas aprendidas por los sujetos a través de la permacultura, que resulta en definitiva en la construcción de una nueva racionalidad, implica deconstruir y desaprender la manera de hacer las cosas, la manera de vivir que se había seguido hasta entonces y en la que han sido educados los sujetos (Aguilar y Hurtado, 2008). De ahí que resulte tan complicado dejar a un lado aquellas reglas que daban sentido y guiaban sus acciones. Esas reglas responden en su mayoría a la lógica de mercado, que además ha construido el imaginario para la percepción de calidad de vida (Aguilar y Hurtado, 2008).

"Mas isto tambem é um proceso, vou comprar uma coisa biológica que custa duas ou tres vezes mais que uma coisa que nao é custa. Custa nao só a nivel económico, como fazer esa mudanca interior...eu tenho de mudar hábitos que estao muito muito enraizados." (Teresa)

"Sabes lo que pasa…que una de las cosas que nos invaden día a día desde que nacemos o somos conscientes es el miedo. El miedo a…dejar de tener un sueldo y una estabilidad económica, el miedo de la no aceptación por x grupo… etc.…." (Álvaro)

Esa frustración y conflicto proviene de esa percepción de oposición entre el comportamiento económico hegemónico y el comportamiento ecológico de la que hablábamos. Esa oposición, aunque sea cierta en esencia ya que los modelos de producción y consumo correspondientes al primero parten de unos valores de maximización monetaria a todo coste, y los correspondientes al segundo pretenden justamente huir de esas formas, sería muy ingenuo verlos como excluyentes. Es decir, la realidad es que las personas se encuentran dentro de un sistema de funcionamiento de cuyas dinámicas es difícil evadirse completamente, *"… es que al final, por mucho que queramos vivimos en el sistema, y si estamos aquí y si nos movemos con un móvil, en coche…o necesitamos cosas que no podemos conseguir por nuestra cuenta tal…estamos en el sistema."* (Álvaro), y los entrevistados comparten que tomar como objetivo la salida absoluta de las dinámicas económicas hegemónicas no es realista.

> *"Vivimos en una sociedad que tienes la posibilidad de poder viajar y de poder hacer unas cosas y que tu entrono también lo hace, que vivimos en una inercia…que si quieres vivir y cumplir con todos tus valores de ecología es que tienes que cortar con muchísimas cosas de la sociedad…"* (Arquímedes)

Siguiendo esta línea, otra de las dificultades encontradas es que la autosubsistencia conlleva mucho trabajo. Mantener un huerto necesita tiempo y dedicación, y el tiempo es algo que parece escasear cuando una persona debe certificarse de poder pagar la renta, o la gasolina de coche, o de arreglar el tejado de la casa si se rompe, por ejemplo. No se puede ignorar que también es necesario implicarse en lógicas económicas que escapan a los valores y principios de armonía, paciencia, equilibrio y respeto de la racionalidad ecológica, para satisfacer necesidades.

> *"Hombre…yo creo que el tiempo para mí es de las mayores dificultades… que yo tengo que sacar tiempo por otra parte para poder yo sostenerme económicamente. Que al final hay muchas cosas que cuestan dinero…y es que es inevitable."* (Álvaro)

Arquímedes, de hecho, cuenta que en las fincas en las que participa hay, a veces, incluso conflictos cuando el ámbito económico parece convertirse en prioridad. Una cosa es necesitar dinero para cubrir necesidades que no pueden cubrirse de forma autónoma y que por lo tanto requieren acceder a recursos externos y otra cosa muy diferente es tomar decisiones guiadas por el objetivo de maximizar beneficios.

> *"Hay momentos en los que una persona dice pues yo me quiero comprar una finca en x sitio, y tengo que ahorrar, pues tengo que ponerme a trabajar y ahí se meten más un poco en un horario…y desde fuera eso como lo ven y a lo mejor te critican porque…oye te estas metiendo ahí como en un plano muy económico que nosotros estamos intentando ir en contra…también hay esos rifirafes dentro."* (Arquímedes)

Todo lo dicho es cierto y representa una realidad que hemos podido observar en la investigación, pero se trata en realidad de algo aún más complejo con una serie de matices que han sido esenciales en el desarrollo de la investigación y que nos servirán de introducción al apartado siguiente. Y es que muchas veces la vida laboral de las personas que practican permacultura y que priorizan la lógica ecológica está relacionada con trabajos cercanos a la naturaleza. Algunos ejemplos de esos trabajos son la extracción de resina, la venta de los productos cultivados en mercados locales, o trabajos de mantenimiento para el ayuntamiento. Se trata en definitiva de la búsqueda de opciones laborales que permitan un ingreso económico suficiente para el mantenimiento vital y la compra de recursos necesarios para la subsistencia, pero están lejos de lógicas de maximización económica, *"…tampoco queremos hacer de lo que es Semillero o de las actividades que se desarrollan aquí un negocio sabes… simplemente ofrecerle a la gente lo que estamos haciendo."* (Álvaro). Es por necesidad más que por la importancia propia del dinero.

Ante la dificultad que supone evadirse completamente del funcionamiento del mundo, lo que se da en la realidad es una convivencia de entre los dos mundos, entre la racionalidad económica y la racionalidad ecológica. Esa percepción de la que hablábamos de oposición entre comportamiento económico hegemónico y comportamiento ecológico, aunque sí es perceptible en el comienzo del proceso de concienciación ecológica y cuando las actores sociales comienzan a intentar llevar a la práctica los conocimientos adquiridos en los proyectos permaculturales en los cuales han participado o participan, no lo es en el relato de los entrevistados que describe la posterior transformación de sus hábitos y los objetivos o intenciones futuras en relación a la vida que pretenden llevar.

Mientras que al principio los sujetos intentan hacer muchas alteraciones en sus hábitos de consumo, de producción, y sociales, con el tiempo comienzan a ser conscientes de la dificultad de convertirse en sujetos cien por cien ecológicos en un entorno cuyo funcionamiento se rige por reglas diferentes a aquel entorno desarrollado por la permacultura. En ese momento de aceptación con el entorno los sujetos dejan de buscar su salida absoluta de las redes de producción, consumo y cultura para entrar en otras absolutamente ecológicas, y empiezan la búsqueda de un equilibrio entre los dos mundos.

13. LA BÚSQUEDA DE EQUILIBRIO: SUPERANDO CONFLICTOS

Como hemos podido ver en el apartado anterior, es difícil transformar completamente los hábitos vitales que se han reproducido durante toda nuestra vida, al igual que lo es sacrificar deseos personales como lo es, por ejemplo, el viajar. Digo viajar, porque a lo largo de las entrevistas ha sido el que más se repite.

> *"hay cosas que quiero hacer en mi vida, como el viajar, y eso a lo mejor no entra tanto…la forma convencional de viajar no coincide con mis valores ecológicos, pero en ese sentido digo que a veces querré sacrificar mis valores ecológicos para mira…yo esto lo quiero vivir, que al final vivimos una vez."* (Arquímedes)

Los entrevistados no solo son conscientes de estas dificultades y conflictos internos, también lo son en lo que toca a la imposibilidad de vivir de una manera completamente fuera del sistema hegemónico cuando en realidad viven dentro de él. De esta forma, las ganas de vivir de acorde a sus valores y motivaciones ecológicas dejan de concebirse como una lucha y se convierten en un proceso de transición centrado en la búsqueda de equilibrio entre la racionalidad hegemónica y la racionalidad ecológica.

No se trata tanto de una transición radical, para eso, como dice Álvaro, sería necesario irse a una montaña y vivir como ermitaño posiblemente en carencia de muchas cosas, pero somos seres sociales y funcionamos queramos o no dentro de una sociedad, por lo tanto, hay que buscar la manera de vivir en ella, aunque nuestras acciones se rijan bajo otra racionalidad.

"Nosotros decimos que nosotros no jugamos en contra del sistema, nosotros jugamos en paralelo al sistema. Utilizamos las herramientas del sistema, pero las utilizamos para hacerlo de la mejor manera posible..." (Álvaro)

Esa búsqueda de equilibrio está presente en los tres sujetos entrevistados. Lo importante es que las decisiones de estos actores sociales sean hechas de forma consciente en el sentido ecológico y esa consciencia, que es introducida primero por la permacultura y que se va potenciando y complejizando con la puesta en práctica de iniciativas dirigidas a la producción respetuosa de alimento y a la correcta gestión de recursos por parte de los individuos, permite guiar sus acciones escapando lo máximo posible a esa racionalidad destructora y separada de la naturaleza.

Los pequeños cambios que observábamos en el apartado anterior son prueba de que sí existe una racionalidad ecológica prioritaria que permite a los sujetos actuar en consecuencia de sus inquietudes ecológicas. El hecho de que esta se vea entrelazada con la racionalidad económica no debe poner en cuestión el proceso de transición racional de los sujetos. De hecho, el hecho de que ambas racionalidades se perciban como incompatibles, más que motivar al cambio, puede presentarse, como hemos visto, como un obstáculo causando conflictos internos que luego *"hacen efecto rebote"* (Álvaro).

El elemento esencial en ese proceso de transición racional no recae tanto en el qué se hace, sino en el cómo se hace, *"Es ir encontrando balance, el balance de cada persona, y ser al menos consciente del impacto de las cosas que hago."* (Arquímedes).

14. REFLEXIONES FINALES

Si tomamos como punto de partida nuestra hipótesis descrita al principio del trabajo, podríamos decir que efectivamente se ve refleja-da en la realidad. Tras el desarrollo de la investigación podemos decir que la permacultura es, para los sujetos que la practican, una vía de concienciación ambiental que ofrece las herramientas necesarias para un cambio o transformación práctica en el estilo de vida de los actores entrevistados y es la semilla que permite un proceso de transformación, en la racionalidad de los mismos, hacia una racionalidad ecológica. Pero hay un matiz importante que se ha revelado en la investigación, y es que cuando hipotetizábamos sobre el poder de la permacultura como vía racionalizadora que permitía la transformación de una racionalidad económica a una racionalidad ecológica, ambos términos se presenta-ban y se pensaban como opuestos. La realidad estudiada ha demostrado que esa oposición no es real, o al menos no lo es de forma absoluta.

La permacultura ha provocado grandes cambios en la vida de los sujetos entrevistados y sí ha habido una racionalización ecológica, pero estos no buscan la autonomía total del sistema capitalista hegemónico por dos razones. La primera es que esa emancipación es vista como imposible, ya que, aunque consigan producir gran parte de lo que con-suman y generen mecanismos de ahorro de recursos, siguen viviendo dentro de una sociedad cuyas dinámicas de funcionamiento esenciales se rigen por lógicas distantes a la ecología y pegadas a la maximización económica, y los actores sociales entrevistados son conscientes de ello y no intentan negar esa dependencia, sino trabajar con ella. La segunda razón es que tampoco ven la emancipación total como necesaria para la problemática ambiental, es decir, a pesar de no estar de acuerdo con la racionalidad económica potenciadora de las dinámicas que provocan la crisis socio-ambiental, creen que se puede trabajar con y en el sistema sin desviarse demasiado de sus valores ecológicos.

La importancia de la racionalidad ecológica no radicaría tanto en su oposición y lucha contra la racionalidad económica, sino en su capacidad de penetrar en la conciencia de los sujetos y alterar poco a poco algunos de sus hábitos diarios, pudiendo hacer muchas cosas de las que hacían antes, pero de una forma diferente, más ecológica.

La permacultura permite a los sujetos experimentar que es posible vivir de otra manera reconectada a la naturaleza, ofrece esperanza, conocimiento y autonomía. Es la semilla que poco a poco va germinando en los entrevistados hasta que esa racionalidad ecológica, a pesar de convivir con la racionalidad económica, se convierte en dominante.

15. BIBLIOGRAFÍA

Acosta Gutiérrez, R. D. L. (2015). Permacultura y sostenibilidad agrícola. (TFG). Universidad de la Laguna).

Aguilar,S,J. & Hurtado, E. *(2008)*. Elementos del concepto racionalidad ambiental. *Revista Facultad de Ciencias Económicas: Investigación y Reflexión, 16(2),* 117-132.

Batista Marcos, C., Terezinha Kniess, C., Branco do Nacimento, P, A., & Feitas Castro, A, L. (2018). Permacultura para a sustentabilidade urbana: Uma análise academica. *Anais do VII Simpósio Internacional de Gestao de Projetos, Inovaçao e Sustentabilidade (SINGEP).ISSN:2317-8302.* Sao Paulo.

Bernier, A. (2022). La cara oscura de las cumbres de la Tierra. *Le Monde Diplomatique, n° 320.*

Carlo, G. (2013). ¿Por qué es importante la ecología política? *Nueva sociedad,* (244), 47-60.

Comas-d'Argemir, D., & Pujadas, J. J. (1997). *Andorra, un país de frontera: Estudi etnogràfic dels canvis econòmics, socials i culturals.* Alta Fulla.

Comas d'Argemir, D. (1999). Ecología política y antropología social. *Áreas: revista de Ciencias Sociales, vol. 19, 1999.*

Domínguez Gómez, J.A & Aledo, A. (2001). Arqueología de la sociología ambiental. In *Sociología ambiental* (pp. 29-52). Grupo Editorial Universitario.

Godelier, M. (1990). Lo ideal y lo material. *Revista de Occidente* (106), 5-14.

Holmgren, D. (2013). La esencia de la permacultura. *Barcelona: Cambium permacultura. Recuperado de https://holmgren. com. au/downloads/Essence_of_Pc_ES. pdf.*

Hieronimi, H. (2008). Permacultura-diseño para un mundo en descenso energético. *Recuperado de: http://www. tierramor. org/Articulos/ PermaculturaDis DesEn. html, consultado el, 15.*

Jiménez, M. T. M., & Arana, A. C. (2008). Técnicas conversacionales para la recogida de datos en investigación cualitativa:: La historia de vida (I). *NURE investigación: Revista Científica de enfermería,* (37), 7.

Jiménez Bautista, F. (2016). Antropología ecológica. *Antropología Ecológica.* Dykinson 1-312.

León Gómez, J. (2019). Antropología de las comunidades utópicas. Perspectiva comparada de proyectos alternativos para un planeta finito. (Tesis Doctoral Inédita). Universidad de Sevilla, Sevilla.

Lipietz, A. (2002). A ecologia política: solução para a crise da instância política. *Ecologia política. Buenos Aires: CLACSO,* 15-26.

Melgar Del Corral, G. (2017). Aportaciones de la antropología al estudio de la relación hombre-medio y la producción agrícola. *Universitas-XXI, Revista de Ciencias Sociales y Humanas,* (26), 87-108.

Melgar Del Corral, G. (2021). Nuevos campesinos. La producción ecológica alternativa (Doctoral dissertation, Universidad Autónoma de Madrid).

Mercado Vacca, R. L. (2016). Estrategias desde la permacultura para atender necesidades concretas de una comunidad maya en Quintana Roo (Master's thesis, Universidad de Quintana Roo).

Milton, K. (1997). Ecologías: antropología, cultura y entorno. *Revista Internacional de Ciencias Sociales, 154,* 86-115.

Pujadas, J. J. (2000). El método biográfico y los géneros de la memoria. *Revista de antropología social, 9,* 127.

Santamarina Campos, B. (2008). Antropología y medio ambiente. Revisión de una tradición y nuevas perspectivas de análisis en la problemática ecológica. *AIBR: Revista de antropología iberoamericana*, *3*(2), 144-184.

Sousa Santos, B. (2011). Producir para vivir: los caminos de la pro-ducción no capitalista. *B. d. Santos, Educación Critica*.

Vrska, I. & Pablo, I. (2019). Significaciones imaginarias sociales en la permacultura. *Revista Latinoamericana de Estudios Rurales*, *4*(8).

Published
in April
2024

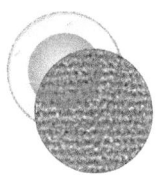

Faber & Sapiens